LOS OSOS DE BERNA Y EL OSO DE SAN PETERSBURGO

MIJAÍL A. BAKUNIN

ESTEL NEGRE
20

CALUMNIA
2024

Legu, kopiu, diskonigu, reverku,
kantu, muzikigu, kriu, recitu
ĉi libron. Diskonigu la Ideon!

Llegiu, copieu, difoneu, reescriviu
canteu, musiqueu, crideu, reciteu,
aquest llibre. Difoneu la Idea!

Volgueren enterrar-nos,
no sabien que érem llavor!

LOS OSOS DE BERNA
Y EL OSO DE SAN PETERSBURGO | 2024
Texto: Mijaíl A. Bakunin
Les ours de Berne et l'ours de St-Pétersbourg. Complainte
patriotique d'un Suisse humilié et désespéré
Impr. G. Guillaume fils, Neuchâtel 1870. 45 S
Edición: Jordi Maiz | Raúl Montilla

Calumnia Edicions | Serra de Tramuntana (Mallorca)
info@calumnia-edicions.net | @calumniaeditor
Colección «Estel Negre», n. 20, 10 x 15cm, 90 p.

1ª edición | septiembre 2024
ISBN: 978-84-128279-7-2
DL: PM 00665-2024

LOS OSOS DE BERNA Y EL OSO DE SAN PETERSBURGO

Lamentación patriótica de un suizo humillado y desesperado

El gobierno ruso ha juzgado bien a nuestro Consejo federal cuando se atrevió a pedirle la extradición del patriota ruso Netchaev. Todo el mundo sabe la orden que dio a las policías cantonales de buscar y de detener a este revolucionario tan intrépido como infatigable, y que después de haber escapado dos veces a las garras del Zar,

es decir, a la muerte precedida de las más ho-
rrorosas torturas, habrá probablemente creí-
do que, una vez refugiado en la República
suiza, estaba al abrigo de todas las brutalida-
des imperiales.

Se ha engañado; la patria de Guillermo
Tell, este héroe del asesinato político, y que
nosotros glorificamos todavía hoy en nuestras
fiestas federales, precisamente porque la tra-
dición le acusa de haber matado a Gessler; esta República que no tenía miedo a afrontar
los peligros de una guerra con Francia para
defender su derecho de asilo contra Luis Feli-
pe, que reclamaba la extradición del príncipe
Luis Napoleón, hoy emperador de los franceses; y que, después de la primera insurrección polaca, se atrevió a reclamar al
emperador de Austria, no el arresto sino la li-
beración de M. Langiewiecz, al cual había
concedido el derecho de ciudadanía; esta

Helvecia antes tan independiente y tan altiva, es gobernada hoy por un Consejo federal que parece buscar su honor en los servicios de gendarme y de espía que presta a todos los déspotas.

***

Ha inaugurado su nuevo sistema de complacencia política con un hecho brillante que la inexorable historia pondrá en cuenta de la hospitalidad republicana de Suiza. Fue la expulsión del gran patriota italiano Mazzini, culpable de haber creado a Italia y de haber consagrado toda su vida, cuarenta años de una actividad indomable, al servicio de la humanidad. Expulsar a Mazzini, era expulsar del territorio republicano de Suiza al mismo genio de la libertad. Era abofetear el honor mismo de nuestra patria.

El Consejo federal no se dejó detener por esa consideración. Es un gobierno *republicano*, es verdad, pero después de todo no es menos un *gobierno*, y todo poder político, cualquiera que sea la denominación y la forma exterior, está animado de un odio natural, instintivo, para disminuir y aniquilar, lenta o violentamente, según las circunstancias y el tiempo, la espontaneidad de las masas gobernadas, y esta negación de la libertad se extiende siempre y por todas partes tanto como las condiciones políticas y sociales del medio y del espíritu de las poblaciones lo permitan.

Lo que choca en esta expulsión de Mazzini por el Consejo federal, es que no ha sido reclamada por el gobierno italiano. Fue un acto espontáneo y como una especie de ramillete ofrecido a este último por la galantería de los consejeros federales, a los cuales el señor Melegari, anteriormente patriota y refugiado en esta misma Suiza, pero hoy representante de la monarquía y de la *consorteria* italiana ante el gobierno federal, había sugerido que una tal prueba de buena voluntad de su parte podría acelerar la conclusión del gran negocio del ferrocarril de San Gotardo.

Si alguna vez un historiador quisiere relatar todos los negocios públicos y privados que han sido concluidos, dirigidos, resueltos con ocasión del establecimiento a la vez ruinoso y útil de los ferrocarriles de Europa, se vería levantar una montaña de inmundicias más alta que el Mont Blanc.

El Consejo federal ha querido contribuir, sin duda, a la elevación de esa montaña escuchando complaciente las sugestiones del señor Melegari. Por otra parte, expulsando a Mazzini, el Consejo federal hacía lo que se llama un negocio seguro: ganaba el agradecimiento y merecía el reconocimiento siempre tan útil de una gran monarquía vecina, sabiendo bien que la opinión pública y el sentimiento democrático de Suiza estaban tan profundamente dormidos o de tal modo absorbidos en los pequeños asuntos, en las pequeñas ganancias diarias, que no se darían cuenta siquiera de la bofetada que recibían en la mejilla. ¡Ay, el Consejo federal se ha mostrado un profundo conocedor de nuestras disposiciones y de nuestras actuales costumbres! Aparte de algunas raras protestas, los republicanos de Suiza han quedado impasibles ante un hecho tal realizado en su nombre.

Esta impasibilidad del sentimiento público fue un aliento para el Consejo federal, el cual, deseoso de agradar siempre a las potencias despóticas, no quería otra cosa que poder perseverar en el mismo camino. Lo demostró suficientemente en el asunto de la princesa Obolensky.

***

Una madre de familia que tiene la desgracia de haber nacido en la aristocracia rusa, y la desgracia todavía mayor de haber sido entregada en matrimonio a un príncipe ruso, santurrón, arrodillado ante todos los popes ortodoxos de Moscú y de San Petersburgo y, naturalmente, prosternado ante su emperador; en fin, todo lo que hay de más servil en este mundo del servilismo oficial; esta madre quiere educar a sus hijos en la libertad, en el respeto al trabajo y a la humanidad. Para esto se estableció en Suiza, en Vevey. Naturalmente, esto desagradó mucho a la corte de San Petersburgo. Se habló allí con indignación, con cólera, de la sencillez democrática en que educaba a sus hijos; se les viste como hijos de burgueses, nada de lujo, ni en los departamentos ni en la mesa; nada de coche, nada de lacayos; dos sirvientas para toda la casa y una mesa siempre sencilla. En fin, los niños son obligados a estudiar desde la mañana a la noche y los profesores tienen orden de tratarlos como a simples mortales. Se cuenta que la gran duquesa María de Leuchtenberg, hermana del Emperador y amiga de la princesa Obolensky, no podía hablar de ella sin verter lágrimas de rabia. El Emperador mismo se conmueve. En varias ocasiones hace ordenar a la princesa Obolensky que vuelva a Rusia inmediatamente. Ella rehúsa. ¿Qué hace Su Majestad entonces? Ordena al príncipe Obolensky que, como todo el mundo sabía, estaba desde hacía mucho tiempo separado de su mujer, que hiciese valer sus derechos de marido y de padre y emplease la fuerza para llevar, si no a la madre, al menos a los hijos.

El principe ruso no deseaba otra cosa que obedecer a Su Majestad. Toda la fortuna de la familia pertenecía a la princesa, no a él; una vez alejada ésta en un convento de Rusia o declarada emigrada, recalcitrante a la voluntad de Su Majestad, se confiscarían sus bienes y, como tutor natural de sus hijos, se convertiría en el administrador. El negocio era excelente. Pero, ¿cómo ejecutar este acto de violencia brutal en medio de un pueblo libre y altivo, en un cantón de la República suiza? Se le responde que no hay libertad, ni república, ni altivez, ni independencia suiza que se rebele contra la voluntad de Su Majestad el Emperador de todas las Rusias.

¿Era esto exagerado? ¡Ah, no! No era más que una apreciación justa de una triste verdad. El Emperador ordena a su gran canciller de Negocios Extranjeros, el príncipe de Gortchakof; éste ordena al ministro representante de Rusia en Berna; este último ordena —pero, no, es preciso hablar cortésmente—, recomienda, ruega al Consejo federal de la República Helvética. El Consejo federal envía al príncipe Obolensky con sus poderosas recomendaciones al gobierno cantonal de Lausana; este gobierno lo envía, investido con todas las órdenes, al perfecto de Vevey, y en Vevey todas las autoridades republicanas esperaban hacía tiempo al príncipe Obolensky, impacientes por recibirlo como debe recibirse a un príncipe ruso, cuando viene a mandar en nombre del Zar. Todo había sido preparado allí, en efecto, con anticipación, debido a los cuidados, sin duda desinteresados, del abogado Céresole, hoy miembro del Consejo federal.

Seamos justos: el abogado Céresole ha desplegado en este asunto un gran celo, una gran energía y una prodigiosa habilidad. Gracias a él, un acto inaudito de violencia burocrática pudo realizarse en medio de la Suiza republicana, sin resistencia sin obstáculos. Advertidos desde la víspera de la llegada del príncipe Obolensky, el perfecto, el juez de paz y los

gendarmes de Vevey, con el señor Céresole a
la cabeza, esperaron desde la mañana tem-
prano en la estación la llegada del augusto
convoy. Habían llevado su complacencia hasta preparar los coches necesarios para el rapto
proyectado y, tan pronto como llegó el príncipe, fueron en masa a la habitación de la
princesa Obolensky, pobre mujer que igno-
raba la tempestad que iba a descargarse sobre
ella.

Allí paso una escena que renunciamos a
describir. Los gendarmes, deseosos sin duda
de distinguirse ante un príncipe ruso, recha-
zaron a puñetazos a la princesa que quería dar
el último adiós a sus hijos; el príncipe Obolensky, contento, se volvía a encontrar en Rusia; el señor Céresole mandaba. Los niños,
desesperados y enfermos, fueron llevados por
los gendarmes y echados en los coches que
debían transportarlos.

Tal fue el asunto de la princesa Obolensky. Algunos meses antes de este acontecimiento tan desastroso para el honor de nuestra República, la princesa había consultado —se dice— a varios jurisconsultos suizos y todos le habían respondido que no tenía nada que temer en este país en que la libertad de casa uno se encuentra garantizada por las leyes y donde ninguna autoridad puede iniciar una acción contra una persona, sea nacional o extranjera, sin un juicio y sin la autorización previa de un tribunal suizo. Debería ser así en un país que se llama República y que toma la libertad en serio. Sin embargo, es todo lo contrario lo que ha sucedido en el asunto de la princesa Obolensky. Se cuenta también que, cuando la princesa, viéndose asaltada por esta invasión cosaca de los gendarmes republicanos, mandados por el señor Céresole y el príncipe Obolensky, quiso reclamar la protección de la justicia suiza, el abogado Céresole le respondió con groseras complacencias que los gendarmes se apresurarían a llevarla inmediatamente a puñetazos... y ¡Viva la libertad suiza!

✳✳✳

El asunto Limousin es una nueva prueba de esa libertad. El gobierno imperial de Francia —se sabe— acaba de concluir con nuestro gobierno federal un tratado de extradición para los delincuentes comunes. Es evidente que este tratado no es otra cosa, por parte del gobierno de Napoleón III, que una horrorosa insidia, y por parte del Consejo federal que lo ha firmado y de la Asamblea federal que lo ha ratificado, un acto de imperdonable debilidad. Porque, bajo el pretexto de perseguir los crímenes comunes, los ministros de Napoleón III podrían exigir ahora la extradición de todos los enemigos de su amo.

Las revoluciones no son un juego de niños, ni un debate académico en que únicamente las vanidades se matan mutuamente, ni un torneo literario en que no se vierte más que tinta. La revolución es la guerra, y quien dice guerra dice destrucción de los hombres y de las cosas. Es, sin duda, una vergüenza para la humanidad el que no haya inventado todavía un medio más pacífico de progreso, pero hasta el presente todo lo nuevo en la historia no ha sido realizado más que después de haber recibido el bautismo de sangre. Por otra parte, la reacción nada tiene que reprocharle a este respecto a la revolución. Aquella vertió siempre más sangre que ésta. Como prueba, ahí están las matanzas de París en junio de 1848 y en diciembre de 1851; como prueba, ahí están las represiones salvajes de los gobiernos despóticos de los otros países en esa misma época y más tarde, sin hablar de las decenas, de las centenas de millares de víctimas que cuestan las guerras, que son la consecuencia necesaria y como fiebres periódicas de este estado político y social que se llama la reacción.

Es, pues, imposible ser un revolucionario verdadero sin cometer actos que, desde el punto de vista de los códigos criminal y civil, constituyen incontestablemente delitos e incluso crímenes, pero que, desde el punto de vista de la práctica real y seria, sea de la reacción, sea de la revolución, aparecen como desgracias inevitables.

A este respecto, ¿cuál es el luchador político, haciendo excepción de los inocentes elaboradores de discursos y de libros, que no cae bajo el rigor del tratado de extradición nuevamente concertado entre Francia y Suiza?

Si la tentativa criminal de diciembre no hubiese tenido éxito y el príncipe Luis Napoleón, acompañado de sus dignos acólitos, los Morny, los Fleury, los Saint-Arnaud, los Baroche, los Persigny, los Pietro y tantos otros, se hubiesen refugiado en Suiza, después de haber desencadenado en París y en toda Francia tantas sangrientas escenas, y si la República victoriosa hubiera pedido la extradición a su hermana la República helvética, ¿los entregaría Suiza? No, indudablemente. Y sin embargo, si hubo violadores de todas las leyes humanas y divinas, criminales contra todos los códigos posibles, fueron ellos: una banda de ladrones y de bandidos, una docena de Robertos Macaires de la vida elegante, solidarizados por el vicio y por la común penuria, arruinados, perdidos en su reputación y en sus deudas, y que, para rehacer una posición y una fortuna, no han retrocedido ante uno de los más horrorosos atentados que registra la historia. He aquí en pocas palabras toda la verdad sobre el golpe de Estado de diciembre.

Los bandidos han triunfado. Reinan desde dieciocho años sin limitación y sin responsabilidad sobre el más hermoso país de Europa, y a quien ésta considera con mucha razón como el centro del mundo civilizado. Han creado una Francia oficial a su imagen. Han conservado casi intacta la apariencia de las instituciones y de las cosas, pero han transformado el fondo, rebajándolo al nivel de sus costumbres y su propio espíritu. Todas las viejas palabras han quedado. Se habla allí, como siempre, de libertad, de dignidad, de derecho, de civilización y de humanidad, pero el sentido de estas palabras se ha transformado completamente en sus labios, pues cada palabra significa en realidad todo lo contrario de lo que parece querer expresar. Se diría una sociedad de bandidos que, por una ironía sangrienta, hiciera uso de las más honradas expresiones para discutir los designios y los actos más criminales. ¿No es ese, todavía hoy, el carácter de la Francia imperial?

¿Hay algo más desagradable, más vil, por ejemplo, que el Senado imperial, compuesto según los términos de la Constitución *por todos los ilustres del país*? ¿No es, según sabe todo el mundo, la casa de los inválidos de todos los cómplices del crimen, de todos los decembristas cansados y repuestos? ¿Se conoce algo más deshonrado que la justicia del Imperio, que todos esos tribunales y esos magistrados que no reconocen otro deber que el de sostener la misma iniquidad imperial?

Pues bien, para servir los intereses de uno de estos padres conscritos del crimen de diciembre, confiando únicamente en la sentencia de uno de estos tribunales, el gobierno de Napolón III, gracias al tratado de engaño concertado entre él y Suiza, reclama hoy la extradición de la señora Limousin. El pretexto oficial (hace siempre falta uno —la hipocresía, como dice una máxima proverbial, es un homenaje que hace el vicio a la virtud)— de que se sirve el ministro de Francia para apoyar su demanda, es la condena pronunciada por el tribunal de Burdeos, contra la señora Limousin por violación del secreto de correspondencia.

¿No es sublime esto? ¡El imperio, ese supremo violador de todas las cosas reputadas inviolables, el gobierno de Napoleón III, persiguiendo a una pobre mujer porque ha violado el secreto de correspondencia! ¡Como si él mismo hubiera hecho jamás otra cosa!

Pero lo que es permitido al Estado está prohibido al individuo. Tal es la máxima gubernamental. Maquiavelo lo ha dicho y la historia, lo mismo que la práctica de todos los gobiernos actuales, le da la razón. El crimen es una condición necesaria de la existencia del Estado; éste se apropia de su monopolio exclusivo, de donde resulta que el individuo que se atreve a cometer un crimen es culpable dos veces: primero contra la conciencia humana, y luego, sobre todo, contra el Estado, al que usurpa uno de sus más preciosos privilegios.

No discutiremos el valor de este hermoso principio, base de toda política de Estado. Preguntamos más bien si se ha probado que la señora Limousin ha violado realmente el secreto de correspondencia. ¿Quién lo afirma? Un tribunal imperial. ¿Y creéis que se puede, verdaderamente confirar en la sentencia de un tribunal imperial? Sí, se dirá, siempre que este tribunal no tenga ningún interés en mentir. Muy bien, pero es que ese interés existe en esta ocasión, y *es el mismo gobierno imperial el que se ha encargado de comunicarlo al gobierno federal.*

Es el interés del señor Tourangin, senador del imperio y gran aristócrata, sin duda, puesto que pone en movimiento todas las potencias del cielo y de la tierra, los obispos, el ministro de Francia, el Consejo federal de nuestra República, hasta a los gendarmes de Vaud, para impedir a su sobrino que se case con la señora Limousin.

Bajo el antiguo régimen, en Francia, cuando era preciso salvar el honor de una familia ilustre, el ministro ponía a disposición de esta última una carta sellada. Un alguacil real, provisto de este instrumento terrible, detenía a los delincuentes, hombre y mujer, amante y amada, esposo y esposa, y los enterraba separados en los calabozos de la Bastilla. Hoy estamos ante el régimen de la libertad oficial, bajo el reino de la hipocresía. La carta sellada se llama nota diplomática y el papel de alguacil imperial es desempeñado por el Consejo federal de la República suiza.

¡El sobrino de un senador del imperio, un miembro indigno de esa poderosa e ilustre familia Tourangin, casarse con la señora Limousin! ¡Qué terrible escándalo! ¿No es como revolver los sentimientos más sencillos? Por lo demás, todos los senadores del mundo, ¿no son solidarios entre sí? El servicio que Suiza hace hoy a un senador del imperio, puede hacerlo Francia un día a un consejero del Estado helvético. De este modo será salvado el honor de las grandes familias de todos los países, y los malos casamientos, esa lepra que devora hoy al mundo aristocrático, serán imposibles en todas partes.

El gobierno imperial ha dudado tan poco de los excelentes sentimientos que animan a nuestro gobierno republicano que, para acelerar su acción administrativa, le ha confesado francamente —*lo sabemos de fuente segura*— que, en este asunto, la pretendida violación del secreto de correspondencia era la menor de las cosas, un pretexto, y que se trataba de un interés importante por otro concepto: del honor de la familia del senador imperial Tourangin.

Así hemos visto con qué energía el Consejo federal, y estos mismos gendarmes de Vaud que han excitado ya la admiración de un príncipe ruso, se han puesto al servicio de las ilustres venganzas del señor Tourangin. No es culpa de las autoridades, siempre tan *ejecutivas*, del cantón de Vaud que la joven pareja, advertida sin duda, se haya ido a refugiar al cantón de Friburgo; y no es culpa del Consejo federal que el gobierno cantonal de Friburgo, más celoso de la dignidad y de la independencia suiza que él, no haya entregado todavía a los culpables a la vindicta imperial y senatorial.

Lo que admiramos sobre todo es la misión desempeñada por ciertos periódicos suizos en este vergonzoso asunto. Nuestros sedicentes diarios liberales que se han dado por misión defender la libertad contra las usurpaciones de la democracia, no se creen obligados a defenderla contra las violencias del despotismo. Temen y maldicen la fuerza de abajo, pero bendicen y llaman con todo su corazón la fuerza de arriba. Todas las manifestaciones de la libertad popular les parecen detestables, pero, contrariamente, aman las expresiones liberales del poder, sostienen el culto a la autoridad, porque, viniendo de Dios o del diablo, toda autoridad, por una necesidad inherente a su existencia, se convierte en la protectora natural de las libertades exclusivas del mundo privilegiado. Impulsados por ese extraño liberalismo, en todas las cuestiones que se agitan, abrazan siempre el partido de los opresores contra los oprimidos.

Por esto hemos visto al *Journal de Genéve*, ese paladín jefe del partido liberal entre nosotros, aprobar calurosamente la expulsión de Mazzini, alabar la complacencia servil del Consejo federal y la brutalidad cosaca de las autoridades de Vaud en el asunto de la princesa. Tourangin y el Consejo federal tienen razón, el primero para exigir y el segundo para ordenar la extradición de esa pobre señora Limousin.

Se prepara a ello como siempre, por la calumnia. Esta es un arma excelente, más segura que el "chassepot", el arma favorita de los jesuitas católicos y protestantes. Mas parece que la señora Limousin se presta poco a la calumnia, puesto que la policía y los gobiernos de todos los países, no han sabido encontrar más que un solo agravio contra ella: ¡la señora Limousin tiene más edad que su marido, el sobrino del senador Tourangin!

¿No es esa una prueba evidente de una gran depravación? ¡Una mujer que se casa con un hombre más joven que ella y sin ofrecerle las ventajas de una gran fortuna! ¡Es casi una corrupción de un menor! ¡Y qué menor! El nieto de un senador de Napoleón III. Evidentemente, es una mujer muy inmoral, muy peligrosa, y la República suiza no debe sufrir un monstruo tal en su seno.

Y la mayor parte de nuestros periódicos repiten imbécilmente, cobardemente: "Esa mujer no merece las simpatías del público". Y ¿qué saben ustedes, señores? ¿La conocen, la han encontrado a menudo, ¡oh, redactores, tan verídicos como virtuosos!? ¿Quiénes son sus acusadores? El gobierno, la diplomacia, un senador y un tribunal de Napoleón III, es decir, la quintaesencia de la inmoralidad triunfante y cínica. Y, fundándoos en semejantes testimonios, vosotros, republicanos y representantes del pueblo libre, cubrís de lodo a una pobre mujer perseguida por el despotismo francés y por todos los Céresole de nuestro Consejo federal. ¿No sentís, pues, ¡oh murmuradores sin cerebro y sin vergüenza!, que ese lodo quedará sobre vosotros, los complacientes de todos los poderes, traidores a la libertad, envilecedores miserables de la iidependencia y de la dignidad de nuestra patria?

Volvamos al asunto del patriota ruso Netchaef.

El gobierno federal le hace buscar por todos las policías cantonales. Ha dado orden de detenerlo. Pero una vez detenido ¿qué se hará con él? ¿Se tendrá verdaderamente el valor de entregarlo al Zar de Rusia? Vamos a dar un consejo: que lo echen mejor en el circo a los osos de Berna. Esto será más franco, más honesto, más corto y sobre todo más humano.

Por lo demás, será un castigo que el señor Netchaef tiene bien merecido. Ha tenido fe en la hospitalidad, en la justicia y en la libertad suizas. Ha pensado que, puesto que Suiza era una república, no podía experimentar sino indignación y disgusto por la política del zar. Ha tomado en serio la fábula de Guillermo Tell; se ha dejado engañar por el orgullo republicano de los discursos que pronunciamos en nuestras fiestas federales y cantonales, y no ha comprendido, imprudente, que la nuestra es una república burguesa, y que está en la naturaleza de la burguesía actual el no amar las bellas cosas más que en el pasado, y en no adorar en el presente más que las cosas lucrativas y útiles.

Las virtudes republicanas cuestan demasiado caras. La práctica de la independencia y del orgullo nacional tomado en serio, puede ser cosa peligrosa. La complacencia servil ante las grandes potencias despóticas es infinitamente más provechosa. Por lo demás, las grandes potencias tienen un modo de obrar contra el cual es imposible resistirse. Si no las obedecéis, os amenazan, y sus amenazas son serias. ¡Diablo!, cada una de ellas tiene más de un millón de soldados para aplastaros. Pero por poco que se ceda y se dé prueba de buena voluntad, os prodigan los más tiernos cumplimientos: gracias a los sistemas financieros que arruinan a los pueblos, las grandes potencias son muy ricas. Los gendarmes del cantón de Vaud saben algo y la bolsa del príncipe Obolensky también.

Cogido en este dilema, el Consejo federal no ha podido vacilar. Su patriotismo utilitario y prudente se ha decidido por la política de complacencia. ¿Qué le importa, por otra parte, este señor Netchaef? ¿Iría por sus bellos ojos a afrontar las cóleras del Zar y a traer sobre la pobre Suiza las venganzas del Emperador de todas las Rusias? ¡No puede vacilar entre este joven desconocido y el más poderoso monarca de la tierra! No es necesario juzgar entre ellos. Basta que el monarca reclame su cabeza para que sea preciso dársela. Por lo demás, es evidente que Netchaef es un gran culpable. ¿No se ha rebelado contra su soberano legítimo y no ha confesado en su carta que es un revolucionario?

El Consejo federal, después de todo, es un gobierno. Como tal, debe tener una simpatía natural hacia todo gobierno, cualquiera que sea su forma, y su odio natural también contra los revolucionarios de todos los países. Si no tuviera que atenerse más que a su punto de vista, hubiera barrido bien pronto del territorio suizo a todos esos aventureros que lo llenan desgraciadamente hoy. Pero hay un obstáculo serio, es el sentimiento todavía vivo de la dignidad suiza; son las grandes tradiciones históricas y las simpatías naturales y profundas de nuestro pueblo republicano para los héroes y los mártires de la libertad. Es, en fin, la ley suiza que ofrece una hospitalidad generosa a todos los refugiados políticos y que los protege contra las persecuciones de los déspotas.

El Consejo federal no se siente fuerte todavía para romper ese obstáculo, pero sabe orillarlo hábilmente; y los tratados de extradición para crímenes y delitos comunes, que casi todos los gobiernos de Europa se apresuran a concertar entre sí en vista de la próxima guerra internacional de la reacción contra la revolución, le ofrecen un medio magnífico para hacerlo. Se calumnia primero, luego se maltrata. Se simula dar fe a las acusaciones mentirosas promovidas contra un emigrado político por un gobierno que no ha hecho nunca más que mentir, después se declara al público republicano suizo que se persigue a este individuo, no por un crimen político, sino por sus crímenes comunes. Así es como el señor Netchaef se ha convertido en un asesino y en un falsario.

¿Quien lo afirma? El Gobierno ruso. Y nuestro querido y honrado Consejo federal tiene tanta fe en las afirmaciones del Gobierno ruso, que no le exige ni pruebas judiciales; su sola palabra le basta. Por lo demás, sabe muy bien que, si se hiciesen necesarias las pruebas judiciales, bastaría al Zar hacer una señal para que los tribunales rusos pronunciasen contra este desdichado Netchaef las acusaciones y las condenas más imposibles. Ha querido, pues, ahorrar al Gobierno del Zar ese trabajo inútil y, contentándose con su palabra simplemente, ha ordenado el arresto del patriota ruso, como asesino y como fabricante de billetes falsos.

Estos desdichados billetes rusos han servido de pretexto para hacer visitas domiciliarios a casas de varios compañeros residentes en Ginebra. Se sabía que no había de encontrarse ni la sombra de un billete en su casa. Pero sin duda se había esperado echar mano a alguna correspondencia política que comprometiese necesariamente a una multitud de personas, tanto en Rusia como en Polonia, que descubriera los proyectos revolucionarios de este terrible Netchaef. No se encontró nada y se cubrió de vergüenza, de ahí todo. Pero

¿por qué buscar con ese celo extrarrepubli-
cano los rastros de una correspondencia, de
las cartas y de los papeles que no interesarían
de ningún modo a la República suiza? ¿Se
quería enriquecer la biblioteca del Consejo
federal? Es poco probable. Era, sin duda, para
entregarlos a la curiosidad del Gobierno ruso;
de donde resulta claramente que la policía
cantonal de Ginebra, siguiendo el ejemplo
dado por la policía de Vaud y obedeciendo las
órdenes del mismo Consejo federal, se ha
transformado en la gendarmería del Zar de
todas las Rusias.

Se pretende también que el señor Camperio, el espiritual estadista de Ginebra, se ha la-
vado las manos como Pilato. Estaba
desesperado por tener que cumplir funciones
que le repugnaban, pero debía obedecer las
órdenes precisas del Consejo federal. Yo me
pregunto si el señor Jaime Fazy, igualmente
espiritual y más revolucionario, como todo el

mundo sabe, habría podido obrar de otro modo en su lugar. Estoy convencido de que no. Después de haber sido uno de los promotores del sistema de la centralización política que desde 1848 subordina la autonomía de los cantones al poder del Consejo federal, ¿cómo hubiera podido sustraerse a las consecuencias de este sistema? Habría bastado que el Consejo federal lo ordenase para que el señor Camperio cumpliese, nolens volens, el oficio de gendarme ruso.

***

Tal es el resultado más claro de nuestra gran conquista de 1848. Esta centralización política, que el Partido Radical había creado en nombre de la libertad, mata la libertad. Basta que el Consejo federal se deje intimidar o corromper por una potencia extranjera, para que todos los cantones traicionen la libertad. Basta que el Consejo federal lo ordene, para que todas las autoridades cantonales se transformen en gendarmes de los déspotas. De lo cual resulta que el antiguo régimen de la autonomía de los cantones garantizaba mucho mejor que el sistema actual la libertad y la independencia nacional de Suiza.

Si la libertad ha hecho notables progresos en algunos cantones antes muy reaccionarios, no es de ningún modo gracias a los nuevos poderes de que la Constitución de 1848 invistió a las autoridades federales: es únicamente gracias al desenvolvimiento de los espíritus, gracias a la marcha de los tiempos. Todos los progresos realizados en 1848 en el dominio federal son progresos de orden económico, como la unificación de la moneda, de los pesos y medidas, los grandes trabajos públicos, los tratados de comercio, etc.

Se dirá que la centralización económica no puede ser obtenida más que por la centralización política, que la una implica la otra, que son necesarias y bienhechoras ambas en el mismo grado. Absolutamente, no. La centralización económica, condición esencial de la civilización, crea la libertad; pero la centralización política la mata, destruyendo en provecho de los gobiernos y de las clases gobernantes la vida propia y la acción espontánea de los pueblos. La centralización de los poderes políticos no puede producir más que esclavitud, porque la libertad y el poder se excluyen de un modo absoluto. Todo gobierno, aun el más democrático, es un enemigo natural de la libertad, y cuanto más concentrado y más fuete es, más opresivo resulta. Estas son, por lo demás, verdades tan sencillas y tan claras que casi avergüenza tener que repetirlas.

Si los cantones de Suiza fuesen todavía autónomos, el Consejo federal no hubiera tenido el derecho ni el poder de transformarlos en gendarmes de las potencias extranjeras. Sin duda habría habido cantones muy reaccionarios. ¿No existen hoy? ¿No hay cantones en que se condena a ser azotadas a las personas que se atreven a negar la divinidad de Jesucristo, sin que el poder federal se mezcle en ello? Pero habría, al lado de los cantones reaccionarios, otros cantones ampliamente penetrados del espíritu de libertad y de los cuales el Consejo federal no podría detener el ímpetu progresivo. Estos cantones, lejos de ser paralizados por los cantones reaccionarios, acabarían por convencer a aquéllos. Por la libertad es contagiosa, y la libertad únicamente —no los gobernantes— crea la libertad.

La sociedad moderna está de tal modo convencida de esta verdad: *que todo poder político, cualquiera que sea su origen y su forma, tiende necesariamente al despotismo*, que, en todos los países en que ha podido emanciparse un poco, se apresuró a someter los gobiernos, aun cuando hayan salido de la revolución y de la elección popular, a una vigilancia tan severa como sea posible. Ha puesto la salvación de la libertad en la organización real y seria de la vigilancia ejercida por la opinión y por la voluntad popular sobre los hombres investidos de la fuerza pública. En los países que gozan de gobierno representativo, y Suiza es uno de ellos, la libertad no puede ser real más que cuando es real la vigilancia. Al contrario, si la vigilancia es ficticia, la libertad popular se convierte necesariamente en una pura ficción.

Sería fácil demostrar que en ninguna parte de Europa la vigilancia popular es real. Nos limitaremos esta vez a examinar la aplicación en Suiza. Primeramente, porque nos interesa de más cerca y luego, siendo hoy la única república democrática en Europa, ha realizado en cierto modo el ideal de la soberanía popular, de suerte que lo que es verdad para ella debe serlo con mucha más razón para los demás países.

Los cantones más avanzados de Suiza han buscado, hacia la época de 1830, la garantía de la libertad en el sufragio universal. Era un movimiento completamente legítimo. En tanto que nuestros consejeros legislativos no fuesen nombrados más que por una clase de ciudadanos privilegiados, en tanto que existiesen diferencias bajo la relación del derecho electoral entre las ciudades y los campos, entre los patricios y el pueblo, el Poder ejecutivo elegido por esos Consejos, tanto como las leyes elaboradas en su seno, no podrían tener otro objeto que asegurar y reglamentar el dominio de una aristocracia sobre la nación. Era preciso, pues, en interés de la libertad popular, derribar ese régimen y reemplazarlo por el de la soberanía del pueblo.

Una vez establecido el sufragio universal, se creyó haber asegurado la libertad de las poblaciones. Pues bien, fue una gran ilusión, y se puede decir que la conciencia de esa ilusión ha llevado a varios cantones a la caída, y, en todos, a la desmoralización hoy tan flagrante del Partido Radical. Los radicales no han querido engañar al pueblo, sino que se han engañado a sí mismos. Estaban realmente convencidos cuando prometieron al pueblo, por medio del sufragio universal, la libertad, y, llenos de esa convicción, tuvieron el poder de sublevar a las masas y de derrocar los gobiernos aristocráticos establecidos. Hoy, instruidos por la experiencia y por la práctica del Poder, han perdido esa fe en sí mismos y en su propio principio y por eso están abatidos y tan profundamente corrompidos.

Y en efecto, la cosa parecería tan natural y tan simple: una vez que el Poder legislativo y el Poder ejecutivo emanaban directamente de la elección popular, ¿no debían convertirse en la expresión pura de la voluntad del pueblo, y esa voluntad podría producir otra cosa que la libertad y la prosperidad popular?

Toda la mentira del sistema representativo descansa en la ficción de que un poder y una cámara legislativa salidos de la elección popular deben absolutamente o pueden representar la voluntad del pueblo. El pueblo en Suiza, como el de otra parte, quiere instintivamente, quiere necesariamente dos cosas: la más grande prosperidad material posible con la más grande libertad de existencia, de movimiento y de acción por sí mismo; es decir, la mejor organización de sus intereses económicos y la ausencia completa de todo poder, de toda organización política, puesto que toda organización política llega fatalmente a la negación de la libertad. Tal es el fondo de todos los instintos populares.

Los instintos de los que gobiernan, lo mismo que los de los que hacen las leyes, como los de los que ejercen el Poder ejecutivo, son, a causa precisamente de su posición excepcional, diametralmente opuestos. Cualesquiera que sean sus sentimientos y sus intenciones democráticas, desde la altura en que se encuentran colocados no pueden considerar la sociedad de otro modo que como un tutor considera a su pupilo. Pero entre el tutor y el pupilo no puede existir la igualdad. Por una parte, existe el sentimiento de la superioridad, inspirado necesariamente por una posición superior; de la otra, el de la inferioridad que resulta de la superioridad del tutor, que ejerce, sea el Poder ejecutivo, sea el Poder legislativo.

Quien dice poder político, dice dominación; pero donde la dominación existe debe haber necesariamente una parte más o menos grande de la sociedad que es dominada, y los que son dominados detestan naturalmente a los que los dominan, mientras que los que dominan deben necesariamente reprimir y por consiguiente oprimir a los que están sometidos a su dominación. Tal es la eterna historia del poder político, desde que ha sido establecido en el mundo. Esto es lo que explica también por qué y cómo hombres que han sido los demócratas más rojos, los rebeldes más furibundos, cuando están en la masa de los gobernados, se convierten en conservadores excesivamente moderados cuando han llegado al Poder. Se atribuyen ordinariamente estas palinodias a la traición. Es un error; tienen por causa principal el cambio de perspectiva y de posición; y no olvidemos nunca que las posiciones y las necesidades que imponen son siempre más poderosas que el odio o la mala voluntad de los individuos.

Compenetrado de esta verdad, no temería expresar esta opinión de que si mañana se estableciese un gobierno y un consejo legislativo, un parlamento, exclusivamente compuesto de obreros, esos obreros, que son hoy firmes demócratas socialistas, se convertirán mañana en aristócratas determinados, en adoradores decididos o tímidos del principio de autoridad, en opresores y explotadores. Mi conclusión es esta: *es preciso abolir completamente en los principios y en los hechos todo lo que se llama poder político; porque en tanto que el poder político exista, habrá dominadores y dominados, amos y esclavos, explotadores y explotados. Una vez abolido el poder político, es preciso reemplazarlo por la organización de las fuerzas productivas y los servicios económicos.*

***

Volvamos a Suiza. Aquí, como en todas partes, la clase de los gobernantes está distinta y completamente separada de la masa de los gobernados. En Suiza, como en todas partes, por igualitarias que seas nuestras constituciones políticas, es la burguesía la que gobierna, y es el pueblo de los trabajadores, comprendidos en él los campesinos, el que obedece a sus leyes. El pueblo no tiene ni el tiempo ni la instrucción necesaria para ocuparse del gobierno. La burguesía, poseyendo uno y otra, tiene, no de derecho, sino de hecho, el privilegio exclusivo. Por consiguiente, la igualdad política no es en Suiza, como en otra parte, más que una ficción pueril, una mentira.

Pero, estando separada del pueblo por todas las condiciones de su existencia económica y social, ¿cómo puede la burguesía realizar en el gobierno y en nuestras leyes, los sentimientos, las ideas, la voluntad del pueblo? Es imposible, y la experiencia cotidiana nos demuestra que en el gobierno la burguesía se deja principalmente dirigir por sus propios intereses y sus propios instintos, sin preocuparse mucho de los del pueblo.

Es verdad que todos nuestros legisladores, así como todos los miembros de nuestros gobiernos cantonales, son elegidos, sea directamente, sea indirectamente, por el pueblo. Es verdad que en los días de elecciones los burgueses más orgullosos, por poco ambiciosos que sean, están obligados a hacer la corte a Su Majestad el Pueblo soberano. Acuden a él con el sombrero en la mano y no parecen tener otra voluntad que la suya. Pero eso no es más que un pasajero cuarto de hora. Una vez terminadas las elecciones, cada cual vuelve a sus ocupaciones cotidianas: el pueblo a su trabajo y los burgueses a sus negocios lucrativos y a sus intrigas políticas. No se vuelven a encontrar, apenas se conocen ya. ¿Cómo el pueblo, aplastado por su trabajo e ignorando la mayor parte de las cuestiones de que se trata, vigilará los actos políticos de sus elegidos? ¿No es evidente que la vigilancia ejercida por los electores sobre sus representantes es una pura ficción?

Para salvar este inconveniente, los demócratas radicales del cantón de Zurich han hecho triunfar un nuevo sistema político, el del *referéndum*, o el de la legislación directa por el pueblo. Pero el mismo referéndum no es más que un paliativo, una nueva ilusión, una mentira. Para votar con pleno conocimiento de causa y con entera libertad las leyes que se le propongan o que se puede proponer él mismo, sería preciso que el pueblo tuviese tiempo e instrucción necesaria para estudiarlas, para madurarlas, para discutirlas; deberá transformarse en un inmenso parlamento en pleno campo. Muy raramente, y sólo en las grandes ocasiones, cuando se refiere a los intereses de todo el mundo, la ley propuesta excita la atención de todos. Son casos excesivamente raros. La mayor parte del tiempo, las leyes propuestas son de un carácter de tal modo especial, que es preciso tener el hábito de las abstracciones políticas y jurídicas para percibir su verdadero alcance. Escapan naturalmente a la comprensión y a la atención del pueblo, que las vota ciegamente, confiando en sus oradores favoritos. Tomadas separadamente, cada una de estas leyes parece demasiado insignificante para interesar al pueblo, pero en conjunto forman una red que lo encadenan. Y por esto, con y a pesar del referéndum, sigue siendo, con el nombre de pueblo soberano, el instrumento y el servidor humilde de la burguesía.

Bien se ve que en el sistema representativo, aun corregido por el referéndum, la vigilancia popular no existe; y como no puede haber libertad seria para el pueblo sin esa vigilancia, concluimos que nuestra libertad popular, que nuestro gobierno por nosotros mismos, es una mentira.

Lo que pasa cada día en los cantones de Suiza nos confirma en esta triste convicción. ¿Cuál es el cantón en que el pueblo ejerce una acción real y directa sobre las leyes fabricadas en su Gran Consejo y sobre las medidas ordenadas por el Pequeño Consejo? ¿Dónde este soberano ficticio no es tratado por sus propios elegidos como un eterno menor de edad, y dónde no está forzado a obedecer a los mandatos de los de arriba, de los cuales la mayor parte del tiempo no comprende ni la razón ni el objeto?

La mayoría de los asuntos y de las leyes, y muchos asuntos y leyes importantes tienen relación directa con el bienestar, con los intereses materiales de las comunas, se hacen por sobre el pueblo, sin que el pueblo se percate de ello, ni se preocupe o se mezcle en ello. Se le compromete, se le ata, se le arruina algunas veces sin que tenga conciencia de ello. No tiene ni el hábito ni el tiempo necesario para estudiar todo eso, deja obrar a sus elegidos, que, naturalmente, sirven los intereses de su clase, de su mundo, de ellos mismos, pero no del pueblo. El arte más grande de estos representantes consiste en presentar sus medidas y sus leyes bajo el aspecto más anodino y más popular. El sistema de la representación democrática es el de la hipocresía y el de la mentira perpetuas. Tiene necesidad de la tontería del pueblo, funda sobre ella sus triunfos.

Por indiferentes y pacientes que se muestren las poblaciones de nuestros cantones, tienen, si embargo, ciertas ideas, ciertos instintos de libertad, de independencia y de justicia a las cuales no es bueno tocar y que un gobierno hábil se guardará bien de hacerlo. Cuando el sentimiento popular se siente atacado sobre esos puntos que constituyen, por decirlo así, el *sanctum sanctorum*, entonces toda la conciencia política de la nación suiza se despierta de su habitual torpeza y se rebela, y cuando se rebela lo barre todo: Constitución y Gobierno, Pequeño y Gran Consejo. Todo el movimiento progresivo de Suiza hasta 1848 ha procedido por una serie de revoluciones cantonales. Estas revoluciones, la posibilidad siempre presente de estas sublevaciones populares, el saludable temor que inspiran: tal es todavía hoy la única forma de vigilancia posible realmente en Suiza, el único límite que detiene el desborde de las pasiones ambiciosas e interesadas de nuestros gobernantes.

Esta fue también la gran arma de que se sirvió el Partido Radical para derribar nuestras constituciones y nuestros gobiernos aristocráticos. Pero, después de haberse servido de ella con tanta felicidad, la rompió para que un partido nuevo no pudiese emplearla contra él. ¿Cómo la rompió? Destruyendo la autonomía de los cantones, subordinando los gobiernos cantonales al Poder federal. En lo sucesivo, las revoluciones cantonales —*ese medio único de que disponían las poblaciones cantonales para ejercer una vigilancia real y seria sobre sus gobiernos, y para tener a raya las tendencias despóticas inherentes a cada gobierno*, esas saludables sublevaciones de la indignación popular—, se han hecho imposibles. Se rompen imponentes ante la intervención federal.

Supongamos que la población del cantón, colmada su paciencia, se subleva contra su Gobierno, ¿qué sucede? Según la Constitución de 1848, el Consejo federal tiene, no sólo derecho, tiene el deber de enviar allí tantas tropas federales tomadas en los otros cantones como sean necesarias para restablecer el orden público y para fortalecer las leyes y la Constitución del cantón. Las tropas no saldrán del cantón antes de que el orden constitucional y legal se haya restablecido completamente; es decir, llamando francamente a las cosas por su nombre, antes de que el *régimen, las ideas y los hombres que gozan de las simpatías del Consejo federal hayan triunfado completamente*. Tal ha sido el resultado de la última insurrección del cantón de Ginebra en 1864.

Esta vez, los radicales han podido apreciar a sus propias expensas las consecuencias del sistema del centralismo político inaugurado por ellos en 1848. Gracias a ese sistema, las poblaciones republicanas de los cantones tienen hoy un soberano omnipotente: el Poder federal; y para salvaguardar su libertad, es ese

Poder el que deben vigilar y aun derribar si llega el caso. Me será fácil probar que, a menos que no se presenten circunstancias extraordinarias, a menos que una pasión unánime y poderosa no se apodere de toda la nación suiza, de todos los cantones al mismo tiempo, ni esa vigilancia ni ese derribo serán nunca posibles.

Veamos primeramente cómo está constituido el Poder federal. Está compuesto de la Asamblea federal, poder legislativo, y del Consejo federal, poder ejecutivo. La Asamblea federal está compuesta de dos cámaras: La Cámara nacional, elegida directamente por las poblaciones de los cantones, y la Cámara de los estados, compuesta de dos miembros por cada cantón, elegidos casi en todas partes por los Grandes Consejos cantonales. Es la Asamblea federal la que elige en su seno los siete miembros del Consejo federal o ejecutivo.

Entre todos estos cuerpos electivos, es evidentemente el Consejo nacional el más democrático, el más francamente popular, porque es nombrado directamente por el pueblo. Sin embargo, nadie contradirá —así lo espero— que no lo sea, que no deba serlo mucho menos que los Grandes Consejos cantonales o las Cámaras legislativas de los cantones. Y esto por una razón muy sencilla.

El pueblo, que es ignorante e indiferente contra su voluntad, merced a la situación económica en que se encuentra hoy, no sabe bien más que de las cosas que le atañen muy íntimamente. Comprende bien sus intereses cotidianos, sus asuntos de cada día. Más allá comienza para él lo desconocido, lo incierto, y el peligro de las mistificaciones políticas. Como posee una gran dosis de instinto práctico, se engaña raramente en las elecciones comunales, por ejemplo. Conoce más o menos los asuntos de su comuna, se interesa por ellos y sabe recoger de su seno los hombres más capaces de dirigirlos bien. En estos asuntos, sí que es posible la vigilancia, puesto que se verifican bajo los ojos de los electores, y tocan los intereses más íntimos de su cotidiana existencia. Por eso las elecciones comunales son siempre y en todas partes las más realmente conformes con los sentimientos, los intereses y la voluntad populares.

Las elecciones a los Grandes Consejos, donde éstas se hacen directamente por el pueblo, son ya mucho menos perfectas. Las cuestiones políticas, judiciales y administrativas cuya solución y buena dirección constituyen la tarea principal de estos Consejos, son la mayor parte del tiempo desconocidas por el pueblo, sobrepasan las límites de su práctica diaria, escapan casi siempre a su examen; y debe encargar a hombres que, viviendo en una esfera casi completamente separada de la suya, le son poco menos que desconocidos; si los conoce, es por sus discursos, no por su vida privada. Pero los discursos son engañadores, mayormente cuando tienen por fin captarse la benevolencia popular, y por objeto cuestiones que el pueblo conoce muy mal y que a menudo no comprende en absoluto.

Se sigue de ahí que los Grandes Consejos cantonales están ya, y deben necesariamente estar, mucho más alejados del sentimiento popular que los Consejos comunales. Sin embargo, no se puede decir que le sean absolutamente extraños. Gracias a la larga práctica de la libertad y el hábito del pueblo suizo de leer los periódicos, nuestras poblaciones conocen, al menos someramente, sus asuntos cantonales, y se interesan en ellos poco o mucho.

Por el contrario, ignoran completamente los asuntos federales y no les conceden ningún interés, de lo cual resulta que les es absolutamente indiferente saber quién los representa y lo que sus delegados juzgarán útil hacer en la Asamblea federal.

El Consejo de los Estados, compuesto de miembros elegidos por los Consejos de los cantones, está por lo mismo más alejado del pueblo que esta primera cámara salida al menos directamente de la elección popular. Representa la doble quintaesencia del parlamentarismo burgués. Está enteramente dominada por las abstracciones políticas y por los intereses exclusivos de nuestras clases gubernamentales.

Elegido por una Asamblea federal así constituida, el Consejo federal a su vez debe ser forzosamente, no sólo extraño sino hostil a todos los instintos de independencia, de justicia y de libertad que animan a nuestras poblaciones. Aparte de las formas republicanas que no disminuyen, sino que ocultan sólo el poder que ejerce, sin otra vigilancia que la de la Asamblea federal, en los asuntos más importantes, como en los más delicados de Suiza, no se distingue sino en muy poco de los gobiernos autoritarios de Europa. Simpatiza con ellos y comparte casi todas sus pasiones opresivas.

Si el ejercicio del examen popular en los asuntos cantonales es extremadamente difícil, en los asuntos federales es por completo imposible. Estos asuntos tienen su desarrollo, por otra parte, en las altas regiones oficiales, sobre la cabeza de nuestras poblaciones, de suerte que, la mayor parte del tiempo, esas últimas los ignoran completamente.

En el asunto del tratado de extradición concertado últimamente con la Francia imperial, en el de la expulsión de Mazzini, en las violencias cometidas contra la princesa Obolensky, en la extradición de que es amenazada la señora Limousin y en la caza ordenada a todas las policías cantonales por el Consejo federal contra Netchaef, asuntos que se relacionan tan de cerca con nuestra dignidad nacional, con nuestro derecho nacional, el pueblo suizo, ¿ha sido consultado? Si hubiese sido consultado, ¿habría dado su consentimiento a medidas tan contrarias a nuestras tradiciones de libertad y de hospitalidad, como desastrosas para nuestro honor? Ciertamente no. ¿Cómo es, pues, que en un país que se llama república democrática y que dice gobernarse a sí mismo, han podido ser ordenadas semejantes medidas por el

Poder federal y ejecutadas por nuestras policías cantonales?

Es por culpa de la prensa, se dirá, de la prensa que no tiene otra misión que llamar la atención del pueblo suizo sobre todas las cuestiones que pueden interesar a su bienestar, a su libertad o a su independencia nacional, y que en todos estos asuntos no ha cumplido con su deber. Esto es verdad, la conducta de la prensa ha sido deplorable. Pero ¿cuál fue la causa? Es que toda la prensa suiza, aristocrática o radical, es prensa burguesa, y que, si se exceptúan algunas hojas redactadas por sociedad obreras, no existe aún entre nosotros prensa propiamente popular. Hubo un tiempo en que la prensa estaba orgullosa de representar las aspiraciones del pueblo. Ese tiempo ha pasado ya. La prensa radical, lo mismo que el partido de que lleva el nombre, no representa hoy más que la ambición individual de sus jefes, que quisieran ocupar los puestos ya ocupados, según la frase: "Quítate tú para ponerme yo". Por lo demás, desde hace mucho, el radicalismo ha renunciado a sus extravagancias revolucionarias, como el Partido Conservador o aristocrático, por su parte, ha renunciado a todas sus aspiraciones añejas. No hay propiamente casi diferencia alguna entre ambos partidos, y nosotros los veremos pronto confundirse en un solo partido de la conservación y de la dominación burguesa, oponiendo una resistencia desesperada a las aspiraciones revolucionarias y socialistas del pueblo. ¿Es preciso asombrarse, después de esto, de que la prensa radical no haya cumplido lo que más se considera como su deber?

Pero supongamos que, de un modo u otro, la atención de las poblaciones de uno o de varios cantones sea atraída hacia alguna medida impopular ordenada por el Consejo federal y ejecutada por sus Gobiernos cantonales. ¿Qué podría hacer para detener la ejecución? Nada. ¿Derrocarían a su Gobierno? Pero la intervención de las tropas federales sabría impedirlo. ¿Protestarían en sus asambleas populares? Pero el Consejo federal no tiene por qué preocuparse de las asambleas populares, no reconoce otro límite a su poder que las órdenes emitidas por las Cámaras federales; y para que estas últimas abracen el partido de las poblaciones indignadas, es preciso que la misma indignación haya ganado al menos la mitad de los cantones de Suiza. Para derribar al Poder federal, el Consejo federal y las Cámaras legislativas en él comprendidos, sería necesario —más que la sublevación de algunos cantones— una revolución nacional de Suiza.

Bien se ve que para el Poder federal, la vigilancia popular no existe. La constitución de este poder coronó el edificio gubernamental en la República, significó la muerte de la libertad suiza. Por lo tanto, ¿qué vemos? El Partido Conservador o aristocrático, en todos los cantones, después de haber hecho una guerra terrible al sistema de la centralización política, creada en 1848 por el Partido Radical, comienza a asociarse a ella de un modo completamente ostensible. Hoy abraza calurosamente el partido del Consejo federal contra el Consejo de Estado de Friburgo en el asunto de la señora Limousin. ¿Qué es lo que esto significa?

Eso prueba simplemente que el partido aristocrático, aleccionado por la experiencia, acabó por comprender que el Partido Radical, mucho más conservador y gubernamental que él mismo, ha creado un magnífico instrumento, no de libertad sino de gobierno, un medio omnipotente para consolidar el dominio de la rica burguesía en todos los cantones y para oponer un dique saludable a las aspiraciones amenazadoras del proletariado.

Pero si el sistema de la centralización política, en lugar de aumentar la suma de libertad de que gozaba Suiza, tiende, al contrario, a aniquilarla por completo, ¿ha reafirmado al menos o aumentado la independencia de la República helvética frente a las potencias extranjeras?

No; la ha aminorado considerablemente. Mientras los cantones han sido autónomos, el

Poder federal, si hubiera querido conquistar por medio de una indigna complacencia los buenos oficios de una potencia extranjera, no hubiese tenido ningún derecho ni posibilidad de hacerlo. No podía ni concertar tratados de extradición, no ordenar a las policías cantonales que corriesen tras los refugiados políticos, ni forzar a los cantones a entregarlos a los déspotas. No se hubiera atrevido a exigir al cantón de Tesino la expulsión de Mazzini. No ejerciendo sino un poder excesivamente limitado sobre los Gobiernos cantonales, el Gobierno federal, por lo demás, no tenía que responder de sus actos ante las potencias extranjeras y, cuando éstas reclamaban de él algo, se atrincheraba ordinariamente tras su impotencia constitucional. Los cantones eran autónomos y no tenía el derecho de mandar sobre ellos. Era preciso que los representantes de las potencias tratasen directamente con los Gobiernos cantonales y, cuando se trataba de un refugiado político, bastaba que se fuese a un cantón vecino para que el ministro extranjero tuviese que volver a iniciar sus operaciones ante el otro cantón. Eso no acababa nunca: la

diplomacia abandonaba a menudo sus persecuciones de guerra de clase. El derecho de asilo, ese
derecho tradicional y sagrado de Suiza, permane-
cía intacto, y ningún Gobierno extranjero tenía el
derecho de malquistarse por eso con el Gobierno
federal, que era fuerte contra todos precisamente
a causa de su impotencia.

Hoy, el Poder federal es poderoso. Tiene el
derecho de mandar a los cantones en todas las
cuestiones internacionales; por eso mismo, se ha
hecho responsable ante la diplomacia extranjera.
Esta no tiene que preocuparse ya de los Gobiernos cantonales y puede dirigir en lo sucesivo sus
reclamaciones y sus injunciones al Gobierno
federal, el cual, no teniendo ya la posibilidad de
atrincherarse en su impotencia, que ya no existe
constitucionalmente, debe, o bien obtemperar la
demanda que se le hace o bien, encerrándose en
su derecho o en el sentimiento de la dignidad nacional de que es hoy el único representante oficial
ante las potencias extranjeras, oponer su negativa.
Pero si en la mayor parte de lo casos no puede

consentir sin cobardía en acceder a lo que estas potencias exigen de él, hay que reconocer, por lo demás, que una negativa de su parte, aunque salve nuestra dignidad nacional, puede exponer la República a graves peligros.

Tal es la posición difícil que la Constitución de 1848 ha creado al Consejo federal. Concentrando y haciendo por eso mucho más palpable la responsabilidad política de nuestra pequeña República ante los grandes Estados de Europa, no pudo aumentar, al mismo tiempo, de un modo sensible, nuestra potencia militar, y este aumento de fuerza material era, sin embargo, necesario para que el Consejo federal pudiese mantener dignamente los nuevos derechos de que se invistió. Al contrario, bien que el número de nuestras tropas haya aumentado considerablemente y que en general nuestro ejército esté mejor organizado y disciplinado que lo estaba en 1848, es cierto que nuestra fuerza de resistencia, la única que puede tener una República tan pequeña como la nuestra, ha disminuido, y esto por dos razones: primero, porque la fuerza militar de los grandes Estados se acrecentó de un modo mucho mayor que en nosotros; y sobre todo, que la energía de nuestra resistencia nacional reposa mucho más sobre la intensidad de los sentimientos republicanos que animan a nuestras poblaciones, y que pueden sublevarlas en caso de necesidad como si fueran un solo hombre, que sobre la organización artificial de nuestras fuerzas regulares; y porque el sistema de centralización política, de que tenemos la suerte de gozar desde hace veintidós años, tiene precisamente por efecto, en Suiza como en todas partes, el aminoramiento de la libertad, y por consiguiente también la desaparición lenta, pero segura, de esa energía, de la pasión y de la acción popular, que es la verdadera base de nuestra potencia nacional, la única garantía de nuestra independencia.

Investido de una gran responsabilidad exterior, pero de una fuerza organizada insuficiente para sostenerla, y demasiado alejado del pueblo, por su constitución misma, para atraer una fuerza natural, el Consejo federal debería estar al menos compuesto de los patriotas más abnegados, más inteligentes y más enérgicos de Suiza. Entonces habría alguna probabilidad de que no fracasara por completo en su misión difícil. Pero como por esa misma constitución, el Consejo federal está condenado a no ser nada más que la quintaesencia y la suprema garantía del conservadurismo burgués de Suiza, hay razón para temer que tenga siempre en su seno muchos más Céresoles que Staempfli. Debemos, pues, esperar que cada día veremos disminuir nuestra libertad, nuestra dignidad republicana y nuestra independencia nacional.

Suiza se encuentra hoy en un dilema.

No puede desear volver a su régimen pasado, al de la autonomía política de los cantones, que constituía una confederación de Estados políticamente separados e independientes uno de otro. El restablecimiento de una constitución semejante tendría por consecuencia infalible el empobrecimiento de Suiza, detendría de repente los grandes progresos económicos que ha hecho, desde que la nueva Constitución centralista (1848) ha derribado las barreras que separaban y aislaban a los cantones. La centralización económica es una de las condiciones indispensables del desenvolvimiento de las riquezas, y esta centralización hubiese sido imposible si no se hubiese abolido la autonomía política de los cantones.

Por otra parte, la experiencia de veintidós años nos prueba que la centralización política es igualmente funesta para Suiza. Mata su libertad, pone en peligro su independencia, la convierte en gendarme complaciente y servil de todos los déspotas poderosos de Europa. Disminuyendo su fuerza moral, compromete su existencia material.

¿Qué hacer entonces? Volver a la autonomía política de los cantones es imposible. Conservar la centralización política no es deseable.

El dilema así planteado no admite más que una solución: *es la abolición de todo poder político, tanto cantonal como federal, es la transformación de la federación política en federación económica, nacional e internacional.*

Tal es el fin hacia el que marcha, evidentemente, hoy Europa entera.

✳✳✳

Retardando esto, Suiza, gracias a su nueva Constitución política, pierde cada día una porción de su independencia y de su libertad. Los años 1869 y 1870 hicieron época en la historia de nuestra decadencia nacional. Jamás un Gobierno suizo ha demostrado tanto desprecio por nuestro sentimiento republicano, ni tanta condescendencia servil ante las exigencias arrogantes y altivas de las grandes potencias extranjeras, como este Consejo federal que cuenta en su seno hombres como el señor abogado Céresole.

Nunca tampoco mostró el pueblo suizo tanta indiferencia vergonzosa ante los actos odiosos realizados en su nombre.

Para mostrar cómo un pueblo que se respeta y que es tan celoso de su independencia nacional como de sus libertades interiores obra en tales circunstancias, acabaré este folleto citando dos hechos que han pasado en Inglaterra:

Después del atentado de Orsini contra la vida de Napoleón III, el Gobierno francés se había atrevido a reclamar de Inglaterra la extradición de Bernard, refugiado francés, acusado de complicidad con Orsini, y la expulsión de varios otros ciudadanos franceses, entre ellos Félix Pyat, que, en un folleto publicado después del atentado, había hecho la apología del regicidio. Lord Palmerston, que hacía la corte a Napoleón III, no deseaba más que satisfacerle; pero encontró un obstáculo insuperable en la ley inglesa, que pone a todos los extranjeros bajo la protección del derecho común y que hace de Inglaterra, para los perseguidos por cualquier país o gobierno que sea, un asilo inviolable.

Sin embargo, lord Palmerston era un ministro excesivamente popular. Confiando en esa popularidad, y deseoso de prestar un buen servicio de vecino a su amigo Napoleón III, se atrevió a presentar al Parlamento una nueva ley sobre los extranjeros que, si hubiese sido aceptada, habría sustraído a todos los refugiados políticos al derecho común y los habría entregado a la arbitrariedad del Gobierno.

Pero apenas se presentó su *bill*, una tempestad de protestas sacudió a toda Inglaterra. Todo el suelo de la Gran Bretaña se cubrió de mítines monstruos. Todo el pueblo inglés tomó partido por los extranjeros contra su ministro favorito. Ante esa manifestación inmensa, imponente, de la indignación popular, lord Palmerston cayó; Bernard, Félix Pyat y muchos otros fueron absueltos por el jurado inglés y llevados en triunfo por los trabajadores de Londres, en medio de las aclamaciones unánimes de Inglaterra entera.

Napoleón III se vio obligado a tragar la píldora. Y he aquí el otro hecho:

En 1863, el Gobierno italiano, de común acuerdo con el Gobierno francés, había combinado un excelente asunto. Se trataba de comprometer, de perder al gran patriota Mazzini. Para esto, el Gobierno de Víctor Manuel había enviado a Lugano, donde se encontraba entonces Mazzini, a un tal Greco, agente de la policía italiana. Greco había solicitado una entrevista a Mazzini para anunciarle su intención de asesinar a Napoleón III. Advertido por sus amigos, Mazzini se hizo el sordo y aparentó que no comprendía. Llegado a París, Greco fue prontamente detenido por la policía francesa y se le formó proceso. Denuncio a Mazzini como que le había enviado a París para matar a Napoleón III. A consecuencia de esta acusación mentirosa, el Gobierno francés reclamó una vez más al Gobierno de la reina de Inglaterra la extradición o al menos la expulsión de Mazzini. Pero Mazzini había ya publicado un escrito en que afirmaba y probaba que Greco era un agente provocador que se le había enviado para atraerlo a un lazo infame. Esta cuestión fue tratada en el Parlamento, y he aquí lo que dijo en esa ocasión el ministro de la reina, lord Juan Russell: "El Gobierno francés afirma que Mazzini había comprometido a Greco para asesinar al Emperador. Pero Mazzini afirma, al contrario, que Greco le fue enviado por ambos Gobiernos para comprometerlo. Entre estas dos afirmaciones contrarias, no debemos vacilar. Sin duda alguna, debemos creer a Mazzini".

He ahí cómo se salvaguarda, aun bajo un régimen monárquico, la libertad, la dignidad y la independencia de un país. ¡Y Suiza, que es una república, se convierte en el gendarme, ya de Italia, ya de Francia, de Prusia o del Zar de Rusia!

Pero se dirá, Inglaterra es un país poderoso, mientras que Suiza, por república que sea, es un país proporcionalmente muy débil. Su debilidad le aconseja ceder, porque si quisiera oponer resistencia a las reclamaciones injustas y a las exigencias más humillantes de las grandes potencias extranjeras, perdería.

Esto parece muy plausible y, no obstante, no puede ser más falso, porque es precisamente por sus concesiones vergonzosas y por sus cobardes complacencias por lo que Suiza se perderá.

¿Sobre qué bases reposa hoy la independencia de Suiza?

Hay tres: Primeramente, es el derecho de gentes, el derecho histórico y a la vez los tratados que garantizan la neutralidad suiza.

En segundo lugar, está la envidia mutua de los Estados vecinos: de Francia, de Prusia, y de Italia, cada uno de los cuales apetece, es verdad, una porción de Suiza, aunque ninguno quisiera ver a los otros repartírsela entre sí, sin recibir o tomar al menos una parte igual a la suya.

En tercer lugar, en fin, está el patriotismo ardiente y la energía republicana del pueblo suizo.

¿Es preciso probar que la primera base, la del respeto a los tratados y a los derechos es perfectamente nula? La moral, se sabe, ejerce una influencia excesivamente débil en la política interior de los Estados; no ejerce ninguna en su política exterior. La ley suprema del Estado, es su conservación como tal; y como todos los Estados, desde que existen sobre la tierra, están condenados a una lucha perpetua —lucha contra sus propias poblaciones, a las que oprimen y arruinan, lucha contra todos los Estados extranjeros, cada uno de los cuales no es poderoso sino a condición de que el otro sea débil—, y como no pueden conservarse en esta lucha más que aumentando cada día su potencia —tanto en el interior contra propios súbditos, como en el exterior contra las potencias vecinas—, resulta que la ley suprema del Estado es el aumento de su potencia, en detrimento de la libertad interior y de la justicia exterior.

Tal es su franca realidad la única moral, el único fin del Estado. Adora a Dios mientras es su Dios exclusivo, la sanción de su potencia y de lo que se llama su derecho, es decir, el derecho de existir y de extenderse siempre en detrimento de los demás Estados. Todo lo que sirve a este fin es meritorio, legítimo, virtuoso. Todo lo que le es nocivo, es criminal. La moral del Estado es, pues, el derrocamiento de la justicia humana, de la moral humana.

Esta moral trascendente, extrahumana, y por tanto inhumana, de los Estados, no es el fruto de la sola corrupción de los hombres que llenan sus funciones. Se podría decir más bien que la corrupción de esos hombres es la consecuencia natural, necesaria, de la institución de los Estados.

Esta moral no es más que el desenvolvimiento del principio fundamental del Estado, la expresión inevitable de una necesidad inherente al Estado. El Estado no es otra cosa que la negación; es una colectividad restringida que quiere ocupar su puesto e imponerse a ella como un fin supremo, al cual debe servir, someterlo todo.

Era natural y fácil en la Antigüedad, cuando la idea de la humanidad era desconocida, cuando cada pueblo adoraba sus dioses exclusivamente nacionales y le daban derecho de vida y de muerte sobre todas las demás naciones. El derecho humano no existía entonces más que para los ciudadanos del Estado. Todo lo que estaba fuera del Estado, era entregado al saqueo, a la matanza, a la esclavitud.

No sucede lo mismo hoy. La idea de la humanidad se hace cada vez más poderosa en el mundo civilizado, y aún, gracias a la extensión y a la rapidez creciente de las comunicaciones y a la influencia todavía más material que moral de la civilización sobre los pueblos bárbaros, comienza ya a penetrar en estos últimos. Esta idea es la potencia invisible del siglo, con la cual las potencias del día, los Estados, deben contar. Estos no pueden someterse a ella voluntariamente, porque esa sumisión de su parte equivaldría a un suicidio, al triunfo de la humanidad, que no puede realizarse más que por la destrucción de los Estados. Pero no pueden negarla, ni rebelarse arbitrariamente contra ella, porque, demasiado poderosa ya, podría matarlos.

En esta alternativa penosa, sólo les queda un partido: el de la hipocresía. Aparentan respetarla y la violan cada día. No necesitan querer para eso. No pueden obrar de otro modo. Su posición es tal que no pueden conservarse más que mintiendo. La diplomacia no tiene otra misión.

¿Qué observamos, pues? Siempre que un Estado quiere declarar la guerra a otro, comienza por lanzar un manifiesto dirigido, no ya a los propios súbditos, sino al mundo entero, y en el cual, poniendo todo el derecho de su parte, se esfuerza en probar que no respira más que humanidad y amor a la paz, y que, penetrado de estos sentimientos generosos y pacíficos, ha sufrido largo tiempo en silencio, pero que la iniquidad creciente del enemigo le obliga, en fin, a sacar la espada de la vaina. Jura al mismo tiempo que, desdeñoso de toda conquista material y no buscando ningún acrecentamiento de su territorio, pondrá fin a esa guerra tan pronto como quede restablecida la justicia. Su antagonista responde con un manifiesto semejante, en el que, naturalmente los sentimientos generosos se encuentran de su parte. Estos dos manifiestos opuestos están escritos con la misma elocuencia, respiran la misma indignación virtuosa, y uno es tan sincero como el otro: es decir, ambos mienten descaradamente, y no hay más que los tontos que se dejan caer en el lazo.

Los hombres sensatos, los que tienen algo de experiencia política, no se toman ni el trabajo de leerlos; pero tratan, al contrario, de descifrar los intereses que impulsan a ambos adversarios a esta guerra, y a pesar sus fuerzas respectivas para adivinar el resultado. Esto prueba que las consideraciones morales no entran allí para nada.

El derecho de gentes, los tratados que regulan las relaciones de los Estados, están privados de toda sanción moral. Son, en cada época determinada de la Historia, la expresión material del equilibrio resultante del antagonismo mutuo de los Estados. En tanto que haya Estados, no habrá paz. No habrá más que treguas más o menos largas, los armisticios concertados dejan la guerra latente para estos eternos beligerantes, los Estados; y tan pronto como uno de ellos se sienta bastante fuerte para romper ese equilibrio en su provecho, no dejará jamás de hacerlo. Toda la Historia está ahí para probarlo.

Sería, pues, una gran locura por nuestra parte fundar nuestra seguridad sobre la fe en los tratados que garantizan la independencia y la neutralidad de Suiza. Debemos fundarla sobre bases más reales.

El antagonismo de los intereses y la envidia mutua de los Estados que rodean a Suiza ofrecen una garantía mucho más seria, es verdad, pero muy insuficiente aún. Es una gran verdad que ninguno de estos Estados podría echar mano por sí solo a Suiza sin que los otros se opusieran inmediatamente, y se puede estar seguro de que el reparto de Suiza no podrá hacerse al comienzo de una guerra europea, cuando cada Estado, todavía inseguro del éxito, tendrá especial interés en enmascarar sus aspiraciones ambiciosas. Pero se podrá hacer su reparto al fin de una gran guerra, en beneficio de los Estados victoriosos y aun en beneficio de los Estados vencidos, como compensación por otros territorios que éstos podrán estar obligados a ceder. Esto se ha visto ya.

Supongamos que la gran guerra que se nos profetiza cada día, estalla por fin, entre Francia, Italia y Austria, por un lado, y Prusia y Rusia, por otro; si es Francia la que triunfa, ¿quién podrá impedirle apoderarse de la Suiza románica y dar el Tesino a Italia? Si es Prusia la vencedora, ¿qué es lo que le impedirá echar mano sobre esa parte de la Suiza alemana que apetece desde hace tanto tiempo, salvo abandonar, si le parece necesario, a título de compensación, una parte al menos de la Suiza romántica a Francia y el Tesino a Italia?

No será, sin duda, el reconocimiento que estos grandes Estados experimentan por los servicios de gendarme que el Consejo federal les haya hecho durante la guerra. Es preciso ser bien ingenuo para contar con el agradecimiento de un Estado. El agradecimiento es un sentimiento, y los sentimientos no tienen que ver nada con la política, que no tiene otro movil que los intereses. Debemos penetrarnos bien de esta idea, de que las simpatías o las antipatías que podamos inspirar a nuestros temibles vecinos no pueden tener la menor influencia sobre nuestra seguridad nacional. Por mucho que nos quieran y que tengan el corazón lleno de agradecimiento hacia nosotros, en cuanto hallen algo posible el fraccionamiento de Suiza, nos despedazarán. Que nos odien cuanto quieran, si están convencidos de la imposibilidad de repartir a Suiza entre ellos, nos respetarán.

Pero, no pudiendo estar fundada sobre cálculos de la diplomacia, esta imposibilidad no puede residir más que en la energía republicana del pueblo suizo.

Tal es, pues, la única base real y seria de nuestra seguridad, de nuestra libertad, de nuestra independencia nacional. No es velando no disminuyendo nuestro principio republicano; no es pidiendo cobardemente a las potencias despóticas que continúan concediendo el permiso de estar en medio de los Estados monárquicos a la única republica de Europa; no es esforzándonos por merecer sus buenos oficios por nuestras complacencias vergonzosas; no es elevando bien alto nuestra bandera republicana; es proclamando nuestros principios de libertad, de igualdad y de justicia internacional; es convirtiéndonos francamente en un centro de propaganda y de atracción para todos los pueblos, y en un objeto de respecto y de odio para todos los déspotas, como salvaremos a Suiza.

Y es en nombre de nuestra seguridad nacional, tanto como en nombre de nuestra dignidad republicana, como debemos protestar contra los actos odiosos, incalificables, funestos, de nuestro Consejo federal.

ESTEL NEGRE
COL·LECCIÓ

LLUM I FOSCOR

TÍTOLS PUBLICATS

CALUMNIA

Los osos de Berna y el oso de San Petersburgo
de MIJAÍL A. BAKUNIN

se publicó entre los días 2 y 7 de septiembre de 2024, coincidiendo en fecha con el Congreso de La Haya de 1872, cuando los socialistas autoritarios expulsaron a Mijaíl A. Bakunin de la AIT.

James Guillaume sentenció con las siguientes palabras esos acuerdos: *la mayoría quiere la conquista del poder político; la minoría quiere la destrucción del poder político...*